AF468733

DÉPOT LÉGAL
Seine
1867

MÉTHODE DE LECTURE AVEC OU SANS ÉPELLATION

(4ᵉ *Édition*) **Par A. GRESSE, ancien instituteur** (1ᵉʳ *Tableau*)

Voyelles ou Sons

(Voir l'*Instruction* en tête du *Manuel de l'Élève*)

a o u i y

e é è ê

Exercice

a	e	o	é	u	è	i	ê	y
e	o	é	u	è	i	ê	y	e
o	é	u	è	i	ê	y	e	a
é	u	è	i	ê	y	e	a	é
u	è	i	ê	y	e	a	é	o
è	i	ê	y	e	a	é	o	è
i	ê	y	e	a	é	o	è	u
ê	y	e	a	é	o	è	u	ê
y	e	a	é	o	è	u	ê	i

Paris. — Chez l'Auteur, 2, rue Tronchet.

Imprimerie de Ad. Lainé et J. Havard, rue des Saints-Pères, 19.

MÉTHODE DE LECTURE AVEC OU SANS ÉPELLATION

(4e *Édition*) **Par A. GRESSE, ancien instituteur** (2me *Tableau*)

RÉSUMÉ DU 1er TABLEAU

a e o é u è i ê y

Consonnes ou Articulations

Voir l'*Instruction* en tête du *Manuel de l'Élève*)

b c d f g h j k l

Exercice

b	**d**	**c**	**f**	**h**	**k**	**l**	**j**	**g**
k	**j**	**l**	**h**	**g**	**d**	**f**	**c**	**b**
d	**g**	**h**	**l**	**j**	**k**	**b**	**f**	**c**
k	**h**	**j**	**b**	**c**	**d**	**f**	**g**	**l**

Suite des Consonnes ou Articulations

(Voir l'*Instruction* en tête du *Manuel de l'Élève*)

m n p r s t v x z

Exercice

m	**t**	**n**	**v**	**p**	**x**	**r**	**z**	**s**
v	**n**	**t**	**p**	**x**	**r**	**z**	**s**	**m**
n	**v**	**p**	**x**	**r**	**z**	**s**	**m**	**t**
r	**m**	**x**	**s**	**t**	**n**	**p**	**v**	**z**

Paris. — Chez l'Auteur, 2, rue Tronchet. Imprimerie de Ad. Lainé et J. Havard, rue des Saints-Pères, 19.

MÉTHODE DE LECTURE AVEC OU SANS ÉPELLATION

(4e *Édition*) **Par A. GRESSE, ancien instituteur** (4me *Tableau*)

ALPHABET DES MAJUSCULES

A B C D E F G H I J K L M N O P Q R S T U V X Y Z
a b c d e f g h i j k l m n o p q r s t u v x y z

Mots à lire.

â ne	a va re	aménité
bê te	bo bi ne	bénévole
ça fé	ca ba ne	carabine
da me	do ru re	divinité
é pi	é co le	émérite
fê te	fi gu re	filature
gâ té	ga lè re	galopade
hô te	ha bi le	habitude
î le	i do le	inanimé
ju pe	ju ju be	jacobine
ké pi	lé gu me	caravane
lu ne	mo dè le	latitude
mè re	na vi re	moralité
no te	o va le	négative
pè re	pa ru re	ovipare
ra ve	ra pi de	pédicure
si lo	sû re té	rapidité
tê te	tu li pe	sérénade
vê tu	u ni té	timidité
zé ro	vi pè re	unanime
a mi	a mè re	véhicule
bo bo	sa la de	zibeline
ca ve	ca na ri	tabatière
du re	se ri ne	libérale
mi di	do mi no	pyramide
pâ té	vé ri té	capitale
ro be	ca ra fe	parabole

Phrases à lire.

Cora se lave la figure.
Sabine finira sa robe.
Jérôme se lève à midi.
Ovide polira une lame.
Zoé a vu la pyramide.
Papa a bâti la cabane.
Valère a tenu sa parole.
Sara a bu du café moka.
Zoé a lu une parabole.
Sabine dévida la pelote.
Zizi a tué le canari.
Zémire a une tulipe.
Caroline va à la cave.
Zoé a copié le modèle.
Valère a vu le navire.
Sabine ira à l'école.
Papa fumera sa pipe.
Zémire a vu une dame.
Sara habite la capitale.
Zoé a vu le képi de papa.
Jérôme me fera lire.
Caroline lave sa jupe.
Ovide a lu le volume.
Je lave la tête de bébé.
Sabine a vu la comète.
Polydore dira la vérité.
Simonide a sa parure.

Paris. — Chez l'Auteur, 2, rue Tronchet.

Imprimerie de Ad. Lainé et J. Havard, rue des Saints-Pères, 19.

MÉTHODE DE LECTURE AVEC OU SANS ÉPELLATION

(4e *Édition*)

Par A. GRESSE, ancien instituteur

(3me *Tableau*)

ALPHABET USUEL

a b c d e f g h i j k l m n o p q r s t u v x y z

Syllabes formées d'une consonne suivie d'une voyelle

(Voir l'*Instruction* en tête du *Manuel de l'Élève*)

ba	**be**	**bo**	**bé**	**bu**	**bè**	**bi**	**bê**	**by**
co	**ca**	**cu**	**co**	**ca**	**cu**	**co**	**ca**	**cu**
de	**do**	**dé**	**du**	**dè**	**di**	**dê**	**dy**	**da**
fo	**fé**	**fu**	**fè**	**fi**	**fê**	**fy**	**fa**	**fe**
ga	**gu**	**go**	**ga**	**gu**	**go**	**ga**	**go**	**gu**
hé	**hu**	**hè**	**hi**	**hê**	**hy**	**ha**	**he**	**ho**
ju	**jè**	**ji**	**jê**	**jy**	**ja**	**je**	**jo**	**jé**
kè	**ki**	**kê**	**ky**	**ka**	**ke**	**ko**	**ké**	**ku**
li	**lê**	**ly**	**la**	**le**	**lo**	**lé**	**lu**	**lè**
mê	**my**	**ma**	**me**	**mo**	**mé**	**mu**	**mè**	**mi**
ny	**na**	**ne**	**no**	**né**	**nu**	**nè**	**ni**	**nê**
pa	**pe**	**po**	**pé**	**pu**	**pè**	**pi**	**pê**	**py**
re	**ro**	**ré**	**ru**	**rè**	**ri**	**rê**	**ry**	**ra**
so	**sé**	**su**	**sè**	**si**	**sê**	**sy**	**sa**	**se**
té	**tu**	**tè**	**ti**	**tê**	**ty**	**ta**	**te**	**to**
vu	**vè**	**vi**	**vê**	**vy**	**va**	**ve**	**vo**	**vé**
xè	**xi**	**xê**	**xy**	**xa**	**xe**	**xo**	**xé**	**xu**
zi	**zê**	**zy**	**za**	**ze**	**zo**	**zé**	**zu**	**zè**

Paris. — Chez l'Auteur, 2, rue Tronchet.

Imprimerie de Ad. Lainé et J. Havard, rue des Saints-Pères, 19.

MÉTHODE DE LECTURE AVEC OU SANS ÉPELLATION

(4e *Édition*) **Par A. GRESSE, ancien instituteur** (5me *Tableau*)

Voyelles composées

(Voir l'*Instruction* en tête du *Manuel de l'Élève*)

o	**au**	**eau**
e	**eu**	**œu**
è	**ai**	**ei**
	ou	**oi**

Exercice

eau	**eu**	**œu**	**au**	**ai**	**ou**	**oi**	**ei**
œu	**oi**	**ou**	**ai**	**au**	**ei**	**eu**	**eau**
au	**œu**	**eu**	**ei**	**ou**	**oi**	**eau**	**ai**
eau	**ou**	**oi**	**eu**	**ei**	**au**	**ai**	**œu**

Syllabes formées d'une consonne suivie d'une voyelle composée

(Voir l'*Instruction* en tête du *Manuel de l'Élève*)

bau	**cou**	**dai**	**feu**	**goi**	**hei**	**jou**	**lai**
moi	**neau**	**peu**	**roi**	**sou**	**teu**	**vœu**	**zeau**
bai	**cau**	**dou**	**fai**	**gau**	**hoi**	**jeu**	**lai**
meu	**nœu**	**pai**	**rei**	**soi**	**tau**	**veau**	**zou**
beau	**cai**	**doi**	**fou**	**gou**	**hau**	**jei**	**leu**
mau	**nou**	**peau**	**rai**	**sei**	**toi**	**vœu**	**xeu**
bou	**cœu**	**deu**	**foi**	**gai**	**hei**	**jau**	**leau**
mai	**neau**	**pou**	**rei**	**sœu**	**tou**	**veu**	**zeu**
bœu	**cou**	**deau**	**fau**	**gou**	**hai**	**joi**	**lei**
meau	**noi**	**pau**	**reu**	**sai**	**tei**	**vœu**	**zeau**

Paris. — Chez l'Auteur, 2, rue Tronchet. Imprimerie de Ad. Lainé et J. Havard, rue des Saints-Pères, 19.

MÉTHODE DE LECTURE AVEC OU SANS ÉPELLATION

(4e *Édition*) **Par A. GRESSE, ancien instituteur** (**6**[me] ***Tableau***)

ALPHABET DES MAJUSCULES ET VOYELLES COMPOSÉES

A B C D E F G H I J K L M N O P Q R S T U V X Y Z

au œu ou ei oi ai eau eu eau ai oi ei ou œu au eu

Mots à lire.

au be	**au ro re**	**aubépine**
bou le	**bu reau**	**mémoire**
cou pe	**cou teau**	**capitaine**
dau be	**di zai ne**	**douzaine**
é tau	**é meu te**	**émeraude**
fou le	**ba lei ne**	**funéraire**
gau le	**gâ teau**	**godiveau**
heu re	**ha meau**	**honoraire**
jeu ne	**jou jou**	**louveteau**
lai ne	**li teau**	**monétaire**
moi ne	**mau ve**	**nouveauté**
neu ve	**ni veau**	**populaire**
pou le	**po teau**	**automate**
rei ne	**rou leau**	**séminaire**
sau le	**su reau**	**téméraire**
tau pe	**tau reau**	**monitoire**
vei ne	**voi tu re**	**amirauté**
ai re	**bou leau**	**luminaire**
boî te	**ha lei ne**	**lauréole**
cou de	**ri deau**	**militaire**
dou te	**ra meau**	**baleineau**
fau te	**beau té**	**locataire**
gaî ne	**a ca jou**	**numéraire**
hi bou	**ju meau**	**autorité**
jou te	**mai re**	**soucoupe**
ne veu	**é toi le**	**amadou**
poi re	**po lai re**	**maniveau**

Phrases à lire.

Laure a vu une baleine.
J'irai à la foire de Beaucaire.
Hilaire coupera le rameau.
Pauline aura toute la peine.
Voilà le bureau d'acajou.
Madeleine a douté de toi.
J'ai coupé le beau rameau.
Émile aura le joli couteau.
Voilà une souçoupe neuve.
Ovide aura de la mémoire.
J'irai jeudi au séminaire.
Voilà le beau capitaine.
J'aurai une gaule de saule.
Ma voiture a suivi la route.
Macaire aura du gâteau.
Voilà le domaine de Laure.
Laure aime la nouveauté.
J'ai vu le hameau de René.
Je boirai de l'eau de Seine.
Pauline a vu le beau gâteau.
Coupe-moi la toile neuve.
J'aurai vu l'étoile polaire.
Laure a une robe de laine.
J'ai joué toute la semaine.
J'ai vu la reine de Bavière.
Laure sera jeudi à Pau.
Pauline a sa robe de moire.

Paris. — Chez l'Auteur, 2, rue Tronchet

Imprimerie de Ad. Lainé et J. Havard, rue des Saints-Pères, 19.

MÉTHODE DE LECTURE AVEC OU SANS ÉPELLATION

(4e Édition) Par A. GRESSE, ancien instituteur (7me Tableau)

Voyelles nasales

(Voir l'*Instruction* en tête du *Manuel de l'Élève*)

an in on un

Sons équivalents

an am en em
in im yn ym ain aim ein
on om
un um eun

Exercice

an	um	on	en	in	yn	om	em
un	ein	am	ain	ym	im	aim	eun
on	aim	um	an	eun	om	in	am
ein	em	un	ym	en	yn	un	ain

Syllabes formées d'une consonne suivie d'une voyelle nasale

(Voir l'*Instruction* en tête du *Manuel de l'Élève*)

ban	cun	din	fon	gam	hum	jom	lym
non	pain	rein	jeun	tein	van	sun	ton
bain	cam	don	faim	hon	sain	tem	gain
lym	mon	nain	pin	zan	son	ven	tein
bon	daim	cam	fin	gon	len	main	nain
rem	san	tom	vam	xin	bain	cum	den
gain	hum	lin	jam	mem	nim	syn	van
sem	tain	jeun	rein	bom	fum	dun	pin
men	vin	zam	jam	pein	fem	tym	syn
bain	don	faim	main	nom	pin	rein	vain

Paris. — Chez l'Auteur, 2, rue Tronchet. Imprimerie de Ad. Lainé et J. Havard, rue des Saints-Pères, 19.

MÉTHODE DE LECTURE AVEC OU SANS ÉPELLATION

(4e *Édition*) **Par A. GRESSE, ancien instituteur** (8me *Tableau*)

RÉSUMÉ DU 5e ET DU 7e TABLEAU

au œu ou ei oi ai eau eu ai eau oi ei ou œu au eu

an ym on in en yn om im un ein um am ain eun em aim

Mots à lire.			*Phrases à lire.*
an se	an dain	enfantin	J'ai un pantalon de laine.
bon té	bou din	invendu	Mon vin nouveau sera bon.
con te	can ton	colombe	Papa le goûtera demain.
din de	de main	manteau	Simon aura un manteau.
en té	gou jon	peinture	Napoléon fonda un empire.
fen te	hu main	suzerain	Antonin aime la peinture.
gan té	jam bon	confiture	Maman sera lundi à Lyon.
hon te	lam bin	pantalon	Romain a vendu le moulin.
mi lan	men ton	sainteté	Valentin aura le poulain.
li non	pou lain	fantôme	Je t'ai rendu ton coupon.
lun di	ro main	gambade	Olympe tomba en syncope.
la pin	tym pan	tempête	Paulin a pansé le poulain.
pen te	bon bon	bandeau	Siméon aura une timbale.
ron de	mou ton	timbale	Ma tante répéta le symbole.
san té	pin son	fontaine	Aubin a rompu mon bâton.
tan te	mou lin	amande	Simon boira à la fontaine.
ven te	hau tain	symbole	Antoine a un ruban de laine.
bon de	bou ton	fanfaron	Je monte la lampe du salon.
dan se	pan tin	teinture	Voilà le tombeau de Léon.
sa pin	ron din	syncope	J'ai entendu un gai pinson.
fein te	tam pon	tombeau	Romain a coupé le bouton.
gan se	cou pon	empire	J'ai un pantalon de nankin.
in du	din don	lambeau	Léon montera mon poulain.
pin te	fo rain	ouragan	J'ai remonté ta pendule.
ren te	ma man	peloton	J'ai entendu le son du canon.
ten te	nan kin	gondole	J'aurai demain un melon.
bâ ton	rom pu	pendule	Paulin sera lundi à Mâcon.

Paris. — Chez l'Auteur, 2, rue Tronchet. Imprimerie de Ad. Lainé et J. Havard, rue des Saints-Pères, 19.

MÉTHODE DE LECTURE AVEC OU SANS ÉPELLATION

(4e *Édition*) **Par A. GRESSE, ancien instituteur** (9me *Tableau*)

Consonnes composées

(Voir l'*Instruction* en tête du *Manuel de l'Élève*)

ch ph gn ill
qu gu

---

bb cc dd ff gg nn pp rr
ss tt th rh d'h j'h l'h n'h

Exercice

ch	gn	ph	ill	gu	qu	ph	ch
qu	ph	gn	qu	gn	ch	ill	gu
ill	gu	ill	ph	ch	gn	bb	ch
cc	ph	dd	ill	th	d'h	ll	j'h

Syllabes formées d'une consonne composée suivie d'une voyelle simple, composée ou nasale

(Voir l'*Instruction* en tête du *Manuel de l'Élève*)

chan	phy	quan	illou	qu'on	que	chai	phe
illon	gnou	guy	qui	chau	pha	gnai	illi
qu'i	chai	guim	que	gnè	bbé	illa	gui
quan	phé	illan	phon	choi	phy	chou	ddin
ccou	ffan	d'ha	j'ho	l'hu	rho	thé	llon
mmi	nne	ppen	thê	guin	illon	cham	ppou
gné	illan	the	che	sson	châ	phon	chou
llon	phan	chain	que	quin	ille	gnou	thieu
guin	rhin	j'hi	n'ha	thé	ssou	pho	gui
chou	quan	illou	guim	mme	phy	d'ha	choi

Paris. — Chez l'Auteur, 2, rue Tronchet. Imprimerie de Ad. Lainé et J. Havard, rue des Saints-Pères, 19.

MÉTHODE DE LECTURE AVEC OU SANS ÉPELLATION

(4e *Édition*) **Par A. GRESSE, ancien instituteur** (**10me** *Tableau*)

RÉSUMÉ DU 7e ET DU 9e TABLEAU

an in on un ym em yn om im ein um am ain eun en aim
ch cc ph ff gn gu ll ill qu bb dd pp ss rh th m'h

Mots à lire.			*Phrases à lire.*
an che	a gneau	amphore	Philippe chanta la chanson.
ba gue	bâ illon	baignoire	Séraphine acheta un peigne.
co que	ca illou	chaussure	J'ai dérouillé mon couteau.
di gne	dou ille	dérouillé	Napoléon gagna la bataille.
é chu	é vê que	futaille	Le château sera magnifique.
fi gue	feu ille	guipure	Voilà le château d'Agathe.
gui de	gui don	houillère	Dominique a lu le feuilleton.
ha che	hou ille	indigne	Le quinquina a guéri papa.
lo que	lan gue	mâchoire	Voilà du vin de Champagne.
ma ille	mou che	nautique	Pamphile a soigné Mathieu.
na tte	nym phe	paillasse	Agathe achète une guimpe.
po che	pei gne	rognure	Je t'achèterai un chapeau.
qui tte	quin ze	enseigne	J'habiterai la campagne.
ru che	rhu me	pirogue	Je commande le bataillon.
si gne	si phon	bataille	Voilà un beau médaillon.
to que	ta quin	châtaigne	Jean a vendu son agneau.
va che	tan che	méthode	Le Rhône a inondé la ville.
a bbé	pi gnon	tenaille	Jean aura un bon rhume.
bo tte	bou che	hachure	Mathieu a une futaille vide.
ca ché	chau ve	conquête	La vache soignera le veau.
pha re	re quin	montagne	Le phare guide le vaisseau.
ro gné	pho que	vaisseau	La houille chauffe le salon.
pa ille	guim pe	chausson	J'habiterai le Dauphiné.
cha tte	mi gnon	manchon	Mon thé de Chine sera bon.
thè me	sou ché	tonneau	Voilà une bonne châtaigne.
ba ssin	châ teau	bouillotte	La méthode guide Léon.
pê che	ha illon	chérubin	Fanchon me donna du thé.

Paris. — Chez l'Auteur, 2, rue Tronchet. Imprimerie de Ad. Lainé et J. Havard, rue des Saints-Pères, 19.

MÉTHODE DE LECTURE AVEC OU SANS ÉPELLATION

(4e *Édition*) **Par A. GRESSE, ancien instituteur** (11me *Tableau*)

Syllabes formées d'une voyelle suivie d'une consonne

(Voir l'*Instruction* en tête du *Manuel de l'Élève*)

ab ac ad af ag al ap ar as ax

ob oc od of og ol op or os ox

ib ic id if ig il ip ir is ix

ub uc ud uf ug ul up ur us ux

eb ec ed ef eg el ep er es ex

---

aug aul aur aus ouc oug oul our

ous eul eur œuf œur oil oir air

euil ail eil œil eph anc inc onc

Syllabes formées d'une voyelle précédée et suivie d'une consonne

(Voir l'*Instruction* en tête du *Manuel de l'Élève*)

bal cor dur fil gar her jus lac

mol nul par roc sac tic vol bac

col dar fol gur hor jar luc mur

nec pur rir sec toc vif ber coq

duc fal gor hal lec mil nul sic

paul joug bouc peur noir toul seul cœur

voir bœuf soir mail tour pour choir pair

neuf jonc luth sanc meil mail tinc donc

coph gnal chef sœur tour chair poil thyr

noir theur sour char gneul saul teur nheur

Paris. — Chez l'Auteur, 2, rue Tronchet. Imprimerie de Ad. Lainé et J. Havard, rue des Saints-Pères, 19.

MÉTHODE DE LECTURE AVEC OU SANS ÉPELLATION

(4e *Édition*) **Par A. GRESSE, ancien instituteur** (12me *Tableau*)

RÉSUMÉ DU 11e TABLEAU

ab oc id uf eg al op ir us ex ob ic ud ef ad
aul eur œuf eph anc oil our air ail eil œil onc

Mots à lire.			*Phrases à lire.*
ar me	**ar deur**	**amiral**	**J'ai une lanterne sourde.**
bor ne	**bal con**	**bordure**	**Voilà un insecte sur l'herbe.**
car te	**car ton**	**dégarni**	**Le remède calme la douleur.**
del ta	**dor toir**	**énorme**	**Je lirai le journal le soir.**
é mail	**che val**	**faculté**	**Martin boira la liqueur.**
for te	**far deau**	**gardefou**	**Victor a vu le conducteur.**
gar de	**gour din**	**inactif**	**Sylvain écouta le sermon.**
her be	**au teur**	**insecte**	**Samuel portera le fardeau.**
ar che	**jour nal**	**lanterne**	**Voilà un tambour-major.**
mor te	**li queur**	**marmite**	**J'ai une lampe de vermeil.**
na dir	**mar tyr**	**nocturne**	**Martin a perdu son lorgnon.**
or me	**bon soir**	**ouverte**	**Paul déchira son mouchoir.**
per te	**vau tour**	**récolte**	**Firmin sera venu me voir.**
sol de	**rec teur**	**virgule**	**Adolphe a retourné la carte.**
tex te	**sa peur**	**tartine**	**Daniel a obtenu la palme.**
ur ne	**tour noi**	**cultivé**	**Mathilde a perdu sa bourse.**
val se	**con teur**	**vacarme**	**J'ai dormi sur le fauteuil.**
a zur	**lor gnon**	**alambic**	**Luc sera de retour mardi.**
bar be	**lec teur**	**énigme**	**Arthur a vu le colporteur.**
cor de	**pou voir**	**observé**	**Urbain a gardé mon cheval.**
fa nal	**tam bour**	**lecture**	**Voilà le cordon de Michel.**
ca nif	**char bon**	**correcte**	**Mon canif n'a qu'une lame.**
bo cal	**ver meil**	**captive**	**J'irai m'asseoir sur l'herbe.**
tar te	**ser mon**	**arsenal**	**J'ai fermé la porte du salon.**
fer me	**ri gueur**	**fauteuil**	**Paul a cultivé mon jardin.**
ca nal	**mi roir**	**superbe**	**Hector sera un bon lecteur.**
mar di	**bon jour**	**capitoul**	**Chacun portera son fardeau.**

Paris. — Chez l'Auteur, 2, rue Tronchet. Imprimerie de Ad. Lainé et J. Havard, rue des Saints-Pères, 19.

MÉTHODE DE LECTURE AVEC OU SANS ÉPELLATION

(4e *Édition*) **Par A. GRESSE, ancien instituteur** (**13me** *Tableau*)

Consonnes doubles et triples

(Voir l'*Instruction* en tête du *Manuel de l'Élève*)

bl	cl	fl	gl	pl	br	cr	dr	fr
gr	pr	tr	vr	sb	sc	sl	sm	sp
st	sv	ps	pn	mn	ccl	ffl	ppl	bbr
ccr	ffr	ppr	ttr	phl	phr	thr	scl	scr
spl	spr	sgr	str	sth	sph	squ	chl	chr

Exercice

bl	br	cl	cr	fl	fr	gl	gr	dr
pl	pr	tr	vr	sb	sc	sl	sm	sn
st	sv	ccl	ffl	scl	str	ppl	ccr	sgr
ps	pn	ffr	spl	thr	ppr	chl	ttr	scr
chr	phl	sph	sfr	phr	mn	squ	ps	sth

Syllabes formées d'une consonne double ou triple suivie d'une voyelle quelconque.

(Voir l'*Instruction* en tête du *Manuel de l'Élève*)

bla	clou	flan	glou	grou	brin	croi	drin
flan	plé	prê	train	vro	sbi	scan	sta
smo	stuc	spar	svel	spho	sque	sbla	sclé
sfla	splin	sbrè	scru	sfri	sgra	spro	stré
phlé	phry	chlo	chré	thra	blir	bleau	cly
psau	crou	plin	frau	froi	brou	trom	sty
sphè	flû	stè	prun	dré	chro	mné	phra
stin	pneu	spec	prou	glai	frai	bloc	crac
glu	psal	trou	clan	brun	chry	clai	frein
grain	fron	plan	broc	crin	thra	splen	plom

Paris. — Chez l'Auteur, 2, rue Tronchet. Imprimerie de Ad. Lainé et J. Havard, rue des Saints-Pères, 19.

MÉTHODE DE LECTURE AVEC OU SANS ÉPELLATION

(4e Édition) **Par A. GRESSE, ancien instituteur** (14me Tableau)

RÉSUMÉ DU 13e TABLEAU

bl	**cl**	**fl**	**gl**	**pl**	**br**	**cr**	**dr**	**fr**	**gr**	**pr**	**tr**	**vr**
sb	**sc**	**sl**	**sm**	**sn**	**sp**	**st**	**sv**	**ps**	**chl**	**chr**	**sph**	**squ**

Mots à lire.

ar bre	am bre	agricole
bri de	bran che	brochure
cri ble	crain te	troupeau
drô le	droi te	chlorure
en cre	en train	patrouille
flo tte	fein dre	scorpion
gloi re	glou ton	grenouille
hy dre	grou pe	spectacle
ai gle	chi ffre	octobre
tri ple	tem ple	jongleur
mè tre	bru sque	novembre
no ble	plom bé	mercredi
on cle	phil tre	fleuriste
plâ tre	psau me	vendredi
ru stre	re frain	problème
sa bre	spa sme	épreuve
trè fle	trem pé	perdreau
a vril	fla mme	brouillon
bro che	ta bleau	plaintive
clo che	spec tre	chevreau
dé clin	pein dre	pratique
en flé	tran che	mitraille
flû te	gra ppe	chapitre
glo be	trou pe	gravure
stè re	sphè re	sphérique
scri be	mar bre	scandale
sto re	plan che	tribunal

Phrases à lire.

Mon frère prendra son livre.
Claude traversa Grenoble.
Grégoire prêta sa plume.
J'ai vu votre bibliothèque.
Je prendrai de l'encre noire.
André me prêta son sabre.
Paul tremble d'être trompé.
Blanche écrira au tableau.
Frédéric a sonné la cloche.
Il apprendra l'orthographe.
Clotilde entonna un psaume.
André consulta son oncle.
Silvestre approuva le motif.
Franc a planté une branche.
Prête-moi ta plume neuve.
André a une table ronde.
Je prendrai Claire lundi.
Frédéric travaille avec moi.
La chèvre broutera l'herbe.
Voilà une corde de chanvre.
Ma chambre sera froide.
Mon flambeau t'éclairera.
La flamme a brûlé ton livre.
J'ai trouvé un clou rouillé.
Prosper a semé du trèfle.
Clara me donne sa brioche.
J'ai vu le drapeau tricolore.

Paris. — Chez l'Auteur, 2, rue Tronchet.

Imprimerie de Ad. Lainé et J. Havard, rue des Saints-Pères, 19.

MÉTHODE DE LECTURE AVEC OU SANS ÉPELLATION

(4e *Édition*) **Par A. GRESSE, ancien instituteur** (15me *Tableau*)

Exceptions et difficultés diverses.

(Voir l'*Instruction* en tête du *Manuel de l'Élève*)

c = s *devant* **e, é, è, ê, i, y.**

face	noce	cygne	cendre
race	cène	cime	citron
cela	cité	scène	cyclope
ceci	cire	pièce	civilité

g = j *devant* **e, é, è, ê, i, y.**

page	ange	gypse	gendre
rage	giron	fange	girafe
gêne	songe	rouge	origine
gage	vengé	genou	gencive

s = z *entre deux voyelles.*

aise	pose	cause	voisin
base	rusé	chose	maison
dose	thèse	fraise	cousin
mise	vase	toison	rasade

e = è *devant deux consonnes semblables.*

belle	nette	tresse	adresse
cette	pelle	nielle	bretelle
dette	serre	presse	caresse
messe	telle	nacelle	chapelle

en = in *dans des mots tels que les suivants:*

mien	lien	chien	amen
tien	rien	Julien	hymen
sien	Agen	Lucien	aérien
bien	Eden	Indien	chrétien

er *et* **ez = é** *à la fin des mots.*

aimer	aimez	verger	revenez
berger	servez	poirier	cerisier
cerner	prenez	manger	chanter
danser	restez	songer	étudiez

est *comme* **è; et** *comme* **é.**

Dieu est juste et bon. Priez-le soir et matin. Le ciel est pur et serein. Aide-toi et Dieu t'aidera. Le travail est un trésor et un ami. La faim est un bon cuisinier. Une promesse est une dette.

es = è *dans les mots d'une syllabe.*

Les lettres en italiques ne se prononcent pas.

mes lime*s*	ces race*s*	mes larme*s*
tes latte*s*	les dalle*s*	tes rente*s*
ses rose*s*	des corde*s*	ses chaise*s*
des ride*s*	les perle*s*	des ronde*s*

et = è *à la fin des mots.*

baquet	livret	secret	hoquet
coquet	piquet	toupet	inquiet
déchet	minet	violet	onglet
loquet	sifflet	trajet	projet

ent = e *à la fin des verbes.*

il*s* lavent	il*s* rêvent	il*s* posent
elle*s* lisent	elle*s* fixent	elle*s* lurent
il*s* dînent	il*s* sèment	il*s* parlent
elle*s* savent	elle*s* disent	elle*s* passent

e *est nul après le* **g** *devant* **a, o.**

il songea	engeance	il corrigea
un pigeon	bourgeoi*s*	je rangeai
je logeai	rougeole	nageoire
plongeon	bourgeon	mangeoire

y = ii *après une voyelle. Le premier de ces* **i** *appartient à la syllabe qui précède et l'autre à la syllabe qui suit.*

boyau	aloyau	citoyen	royaume
doyen	crayon	paysage	mitoyenne
tuyau	moyen	loyauté	croyance
rayon	paysan	joyeuse	déloyauté

ch = c; x = gz; e *suivi de* **x = é**

dans certains mots tels que les suivants :

chao*s*	choriste	exemple	archange
chœur	exergue	orchestre	Charybde
exorde	choléra	exercice	exigence

t = s *devant une diphtongue commençant par* **i.**

action	faction	caution	partial
nation	section	portion	partiel
potion	fiction	friction	captieu*x*
ration	motion	fraction	factieu*x*

ç = s; oï = o, i; aï = a, i; aü = a, u.

Moïse	Esaü	façade	soupçon
façon	je reçus	Caraïbe	haïssable
Zoïle	rançon	je haïrai	j'avançai
leçon	Héloïse	il menaça	mosaïque

Principales abréviations.

M. Monsieur	S. M. Sa Majesté
Mme Madame	S. A. Son Altesse
Mlle Mademoiselle	S. E. Son Excellence
MM. Messieurs	S. S. Sa Sainteté

Les autres exceptions s'apprendront par l'usage.

Paris. — Chez l'Auteur, 2, rue Tronchet.

Imprimerie de Ad. Lainé et J. Havard, rue des Saints-Pères, 19.

MÉTHODE DE LECTURE AVEC OU SANS ÉPELLATION

(4e *Édition*) **Par A. GRESSE, ancien instituteur** (**16me** *Tableau*)

LECTURE COURANTE

Proverbes, Sentences et Maximes.

Aimez Dieu de tout votre cœur.
Honorez votre père et votre mère.
La piété est le tout de l'homme.
Un bienfait n'est jamais perdu.
Qui donne vite donne deux fois.
Fais le bien et tu en seras loué.
Dieu est dans tous les lieux.
Tout ce que nous avons vient de lui.
Ce que Dieu garde est bien gardé.
L'enfant sage est la joie de sa mère.
Respectons les cheveux blancs.
Rien n'est beau que le vrai.
Le vrai seul est aimable.
L'insensé méprise l'instruction.
Il faut bien faire et laisser dire.
Le bien mal acquis ne profite pas.
Il n'y a pas de roses sans épines.
Un métier vaut un fonds de terre.
Petit à petit l'oiseau fait son nid.
Qui se ressemble s'assemble.
La bonne réputation vaut de l'or.
Entends d'abord et parle après.
Celui-là est riche qui est content.
Il n'y a pas de plaisir sans peine.
L'habitude est une seconde nature.
Un peu, répété souvent, fait beaucoup.
La goutte d'eau creuse le rocher.
Dieu n'abandonne pas les siens.
Sème si tu veux moissonner.
L'habit ne fait pas le moine.
Le paresseux dit: Je ne puis pas.
Soyez indulgent envers les autres.
A quelque chose malheur est bon.
Qui paie ses dettes s'enrichit.
Tout ce qui reluit n'est pas or.
A l'impossible nul n'est tenu.
Le bel oiseau se fait lui-même.
Il vaut mieux tard que jamais.
Qui donne mal ne donne rien.
A l'œuvre on connaît l'artisan.
Le paresseux est toujours pauvre.
La rouille use plus que le travail.
Il n'y a que les sots qui se vantent.
Qui est borgne plaint les aveugles.
Pour un plaisir, mille douleurs.

Cherche le bien, attends le mal.
Un malheur ne vient jamais seul.
Premier à table, dernier au travail.
Le menteur n'est jamais écouté.
La main paresseuse appauvrit.
La main des diligents enrichit.
Ne te vante point du lendemain.
Le cœur joyeux embellit le visage.
Une réponse douce apaise la fureur.
Le soleil luit pour tout le monde.
Il faut que tout le monde vive.
C'est l'intention qui fait l'action.
Chacun est artisan de sa fortune.
Chaque oiseau trouve son nid beau.
Les malheurs se détournent de loin.
Paris ne s'est pas fait dans un jour.
Qui va doucement va sainement.
Qui va sainement va longtemps.
Chacun porte sa croix en ce monde.
Deux sûretés valent mieux qu'une.
Après la pluie vient le beau temps.
L'homme s'agite et Dieu le mène.
Les bons comptes font les bons amis.
Mauvais serviteur, mauvais maître.
Celui-là est riche qui ne doit rien.
Il vaut mieux se taire que mal parler.
N'accusons jamais la Providence.
En forgeant on devient forgeron.
Ne jugeons pas sur l'apparence.
Contentement passe richesse.
Homme sans éducation, corps sans âme.
Pardonne tout à tous et rien à toi.
De deux maux il faut éviter le pire.
Qui cherche le danger y périra.
L'homme propose et Dieu dispose.
Le temps perdu ne se retrouve pas.
Aime les autres comme toi-même.
N'abandonne pas le malheureux.
Nul ne peut servir deux maîtres.
Persévérance mérite récompense.
L'oisiveté est la mère de tous les vices.
L'ignorant croit tout savoir.
Ne rends pas le mal pour le mal.
Ne quitte pas le certain pour l'incertain.
Crains Dieu et détourne-toi du mal.
L'Éternel est pour ceux qui l'aiment.
Mon fils, garde ses commandements.

Paris.— Chez l'Auteur, 2, rue Tronchet. Imprimerie de Ad. Lainé et J. Havard, rue des Saints-Pères, 19.

www.ingramcontent.com/pod-product-compliance
Ingram Content Group UK Ltd.
Pitfield, Milton Keynes, MK11 3LW, UK
UKHW020520230726
13925UKWH00005B/2209

9 782019 266073